어머니가 촛불로 밥을 지으신다

어머니가 촛불로 밥을 지으신다

정재학 시집

민음의 시 116

민음사

自序

기타의 絃은
텐션이 지나치면 끊어져 버리고
느슨하면 울림이 짧다.
기타 줄이 끊어지는 순간, 듣는 이에게
특별한 영감을 주는 음향이 되기도 하지만
좋은 연주자라면 그 효과를 반복하지는 않을 것이다.
음향은 음악과 다르기 때문이다.
(이 말은 많은 오해의 소지가 있다.)

불가능한 꿈이겠지만
가장 좋은 소리를 내는 긴장을 가지고 싶었다.

—— 2003년 초겨울
정재학

차례

I

아라베스크　13
어머니가 촛불로 밥을 지으신다　14
세 개의 시계　15
마취　17
무릎에 심은 나무　18
응시　19
접경(接境)　20
모래　21
사진에 담긴 편지　23
이중색채를 위한 아르페지오　25
야간약국 가는 길　26
거미와 동전　28
감염　30
낡은 서랍 속에서 1 — 옷　31
낡은 서랍 속에서 2 — 거미　32
낡은 서랍 속에서 3 — 구두　33

II

반조(返照)   37

전염병이 도는 마을   39

춤 없는 무곡(舞曲)   40

모놀로그+모노그램   42

불규칙한 건물   43

모피 입은 비너스   45

늘 그래요   48

창문 없는 여인숙   49

자전거   51

죽은 나무에도 새는 잠시 쉬어간다   52

북   53

재즈빌   54

반달이 비추는 마을, 우리는 초생달을 쥐고 있었다   56

나방   57

정지한 태양   58

Ⅲ

유리　　69

태내(胎內)　　71

기면(嗜眠)　　74

닫히지 않는 문　　76

타는 女子　　78

죽는 자와의 대화　　80

회복실　　83

나를 숨쉬는 여자, 오늘 꽃을 버렸다　　84

애연(哀然)　　85

얼룩말　　86

외출　　87

닫히지 않는 문 2　　88

멈추지 않는, 끊이지 않을　　90

自爆　　91

데칼코마니　　92

I

아라베스크

할머니는 흙에 흩어져 있는 발자국들을 쫓아버린다 애야 누군가 온 모양이구나 무슨 말씀이세요 아무 소리도 듣지 못했는걸요 문은 아직 푸른빛이에요 할머니 눈에 철사가 박혀 있었다 잡아 뽑으려 했지만 점점 더 깊이 박히고 있었다 너는 늘 내 머리카락을 자르는 것을 좋아하는구나 그냥 내버려두렴 아버지가 아기가 되어 마당을 기어다니고 있었다 닭은 아버지에게 잡히지 않으려고 버둥거렸다 아버지의 머리카락이 다급히 자라났다 닭이 잡혔을 때 아가의 머리카락은 땅에 질질 끌리고 있었다 아버지 제발 이제 일어나세요 아기 옷도 벗어버리구요 내 머리카락이 철사로 변하고 있었다 아버지 때문에 기차가 시간을 맞추지 못한다구요 아버지 저 좀 붙잡아 주세요 빌어먹을 제 손이 할머니 눈 속에 들어가 버렸어요 할머니 눈에서 날카로운 초생달들이 쏟아져 나왔다 아버지의 머리카락이 툭툭 부러졌다 나는 할머니의 몸 속에 들어가 아버지가 되어 기어 나왔다 문을 뚫고 기차가 들어오고 있었다

어머니가 촛불로 밥을 지으신다

어머니가 촛불로 밥을 지으신다 비가 오기 시작하는데 어머니가 촛불로 밥을 지으신다 날도 어두워지기 시작하는데 어머니가 촛불로 밥을 지으신다 하늘이 죽어서 조금씩 가루가 떨어지는데 어머니가 촛불로 밥을 지으신다 나는 아직 내 이름조차 제대로 짓지 못했는데 어머니가 촛불로 밥을 지으신다 피뢰침 위에는 헐렁한 살 껍데기가 걸려 있는데 어머니가 촛불로 밥을 지으신다 암이 목구멍까지 올라왔는데 어머니가 촛불로 밥을 지으신다 맥박이 미친 듯이 뛰는데 어머니가 촛불로 밥을 지으신다 손톱이 빠지기 시작하는데 어머니가 촛불로 밥을 지으신다 누군가 나의 성기를 잘라버렸는데 어머니가 촛불로 밥을 지으신다 목에는 칼이 꽂혀서 안 빠지는데 어머니가 촛불로 밥을 지으신다 그 칼이 내장을 드러냈는데 어머니가 촛불로 밥을 지으신다 펄떡거리는 심장을 도려냈는데 어머니가 촛불로 밥을 지으신다 담벼락의 비가 마르기 시작하는데 어머니가 촛불로 밥을 지으신다

세 개의 시계

내 방에는 세 개의 시계가 있었네 각기 다른 시간을 가리키고 있었네 문 옆의 시계를 보니 약속 시간이 가까웠네 밖에 나가보니 모두들 우산을 쓰고 있었네 나만 비를 맞네 비는 수은으로 내 몸에 스며드네 방에 있을 때는 비가 오지 않아서 안심했었네 수은독이 견디기 힘들었네 약속 장소는 너무 멀었네 택시를 잡았네 운전사는 몸을 뒤로 돌려 나를 보며 운전하네 그는 마구 달렸네 담배를 피우고 싶었지만 물먹은 성냥은 켜지지 않았네 그는 나에게 뭔가 계속 말을 거네 알 수 없는 변성화음이었네 그는 앞차를 받았네 그래도 계속 나를 보네 택시에서 내렸네 다른 택시를 잡았네 그는 담배에 불을 붙여주었네 담배 연기는 오로라처럼 피어오르네 담배 연기가 아름다운 것을 처음 느꼈네 그는 외눈박이였네 약속 장소 반대 방향으로 가네 운전기사와 다퉜네 그는 담배 연기를 싫어했네 구토하네 나 그 냄새 견디기 힘들어 택시에서 내렸네 수은은 계속 내리네 다른 택시를 또 잡았네 그는 내 눈동자가 은색이라 하네 믿지 않았네 그 운전사는 눈이 네 개였네 거북하지 않았네 그는 약속 장소에 왔으니 내리라고 하네 생각해 보니 그에게 약속 장소 말한 적 없네 그는 요금을 받지 않네 내려보니 내 방이었네 방에는 아무도 없었네 침대 위의 시계는 아직 약속 시간이 되지 않았네 거울을 보네 눈동자가 없었네 놀라지 않았네 벽에 걸린 시계는 약속 시간이 지났네 우산을 들고 다급히 나갔네 사람들은 우산을 쓰고 있지 않네 모두 나를 이상하게 쳐다보네 모두들 똑같은 복장을 하고 있었네 택시를 잡으려 했지만 아무도 나를 태우지 않네 눈이 없는 노파가 나에게 얘기하네——슬픔 동심 광기를 슬픔 동심 광기를 너에게 슬픔 동심 광기를 너에게 주노라 슬픔 동심 광기를——자기에게 눈을 달라 하네 나 망설이고 있는데 다시 한 번 간절하게 부탁하네 갈등 끝에 한쪽 눈을 주기로 했네 왼쪽 눈을 주었네 노파는 오른쪽 얼굴로 받네 약속 장소까지 걷기로 했네 우산이 거추장스러웠네 우산을 버렸네 잠시 후 다시 비가 내리기 시작하네 나 우산 찾으러 돌아갔지만 누군가 가져갔네 택시를 잡았네 운전기사의 두 개의 눈이 나를 안심시켰네 그는 나에게 담배를 권하네 그의 손등에 눈이 하나 있었네 약속 장소를 잊지 않고 얘기해 주었네 그는 다 왔으니 내리라고 하네 내 방이었네

세 개의 시계는 처음부터 죽어 있었네

마취

비둘기 떼 날아오르다
모든 빛을 뒤덮다
한 마리
내 눈썹을 뜯어먹다
비둘기의 발톱이 길어지다
넓어진 땀구멍에서
하얀 손가락이 자라나다
다른 한 마리
내 옆머리에 박히다
날개를 펄럭거리다
골이 쏟아져 내리다
비둘기 무리, 정신없이 널려진
내 얼굴을 쪼아먹다
비둘기의 발톱이 길어지다
열려진 땀구멍에서
하얀 손가락이 자라나다
흩어진 눈동자
오랫동안 먹히는 소리를 바라보다
온몸의 땀구멍이 비둘기 떼를 삼키다

무릎에 심은 나무

취한 나무들이 아파트 담벼락에 부조(浮彫)처럼 박혀 있었다 나무는 아무런 변명이 없다 한 그루 떼어내 무릎에 심는다 조그만 사각의 하늘이 나무 아래에 펼쳐지고 날개에 붉은 실이 엉킨 거대한 새 한 마리, 나무에 부딪혀 물방울로 흩어진다 나무는 연기처럼 자라난다 태양은 가지에 걸려 떠오르지 못했다 가지를 꺾기 전에 하늘은 어두워지고 태양은 종이컵에 담긴다 뿌리가 무릎을 단단히 쥐어서 다리를 뻗을 수 없었다 깊숙이 박힌 뿌리들 내 피를 빨아먹으며 자라나 입으로 흘러나온다

응시

빌딩들이 모든 길을 막으며 자라나고 있었다 나는 출구를 찾아 맴돈다 오늘따라 왜 이리 죽은 쥐들이 밟히는 것일까 건물의 창문마다 혀가 날름거린다 귀가 무거워 쓰러진다 문을 든 사람들이 귓속에서 걸어나왔다 어떤 문을 열어도 납으로 된 이빨들이 역한 냄새를 풍기고 있었다 그들의 오려진 입술이 떨어진다 나는 피가 흐를 때까지 얼굴을 아스팔트에 문질렀다 새들이 노래하지 않을 때마다 창문이 깨지는 소리가 들렸다 약물을 끊지 못하는 아이들이 정지한 자동차의 유리를 두드리고 있었다 왜 저 흐린 풍경이 이토록 눈부신 것일까 내 온몸에서 눈동자가 돋아나기 시작하고 맑은 하늘에서 피가 비처럼 쏟아졌다 빌딩 꼭대기에서 배고픈 부리를 가진 새 한 마리 딱딱하게 나를 바라본다 눈들이 서로 합쳐지기 시작했다 사방을 볼 수 있었지만 무엇 하나 도착할 수 있는 곳은 없었다 아이들은 바닥에 흥건한 피를 핥고 있었다 나는 커다란 눈알이 되어 있었다 거대한 눈길이 되어 있었다

접경(接境)

여름이 와도 유리창에 묻은 겨울은 녹지 않았다 손으로 겨울에 오선지 그려 블루 노트를 찍어본다 두께가 각기 다른 다섯 줄 너머 손목 잘린 나무들이 뜯지도 못하는 전선을 받치고 있다 아이들은 약국에서 사 온 담배를 피우며 불 꺼진 신호등 앞에 서 있었다 창가에 적어놓았던 글자들이 흐너진다 겨울의 난폭한 더위에 모기들도 알을 까지 못했고 남아 있는 놈들도 피를 빨아들일 힘이 없었다 무덤을 끌어안고 있던 사람들은 무덤 자리를 구하지 못한 사람들과 함께 허공에 떠올랐다 그들이 비를 내리기까지 얼마나 기다려야 하는 것일까 거리에 뒹굴고 있는 손목들은 아무것도 쥐지 못한다 나는 어떤 계절도 믿지 않는다 경계를 서성이던 아이들 담배를 버리고 길을 건넌다

모래

모래를 사고 싶어하는 아이가 있었네 거리에 나가봤지만 어느 상점에서도 모래를 팔지 않았네 바람은 계속 같은 속도로 불어주었네 더듬이 잘린 개미떼가 바람을 등지고 지나가네 아이는 눈썹 없는 남자에게 전화를 거네 다른 집이 나오네 다시 전화를 걸었네 알 수 없는 여자가 화를 내네 붉은 전화박스 뒤의 계단으로 올라가네 아이는 빨간 하늘 속에 잿빛 구름이 다리를 저는 풍경 속으로 들어가네 모든 것이 다급해 보이네 거리에는 모래 향내가 나는 것 같았네 모래 소리가 들리는 것 같았네 한 상점에서 자갈을 주네 어떤 곳에서는 진흙을 주네 아이는 다시 거리로 나가네 바람은 계속 같은 속도로 불어주었네 자신의 눈보다 도수 높은 안경을 낀 소년이 바람을 거역하며 지나가네 아이는 꿈속에서 싸웠던 그 소년을 미워하네 아이는 눈썹 그린 남자에게 전화를 거네 또 다른 집이 나오네 숫자 하나하나를 확인하며 다시 걸었네 알 수 없는 무서운 여자가 화를 내네 검붉은 전화박스 뒤의 계단으로 올라가네 아이는 보랏빛 비가 내리고 하얀 목발이 날아가는 풍경 속으로 들어가네 모든 것이 다급해 보이네 그 낯선 풍경으로 들어가는 길은 모래로 되어 있었지만 아이는 알지 못하네 아이의 팔은 비에 맞아 멍들기 시작하네 모든 상점은 문이 굳게 닫혀 있었네 아이는 나오는 길을 찾지 못하네 비는 검게 물드네 아이의 온몸에 멍이 드네 검은 눈물이 흐르네 아이는 머리카락을 잘라 닫힌 상점의 문 밑에 넣어두고 밤새도록 기다리네

사진에 담긴 편지

　당신이 찍은 사진을 현상했어요
　기억나시죠? 같이 미술관에서 찍은 사진 말이에요
　당신이 찍은 바구니 오브제마다 노란 비옷을 입은 여자가 한 명씩 들어가 있지 뭐예요 얼굴이 명확히 찍히지는 않았지만 나는 그들의 눈 속에 있는 고장난 버스를 볼 수 있었어요 지금도 덜덜거리는 소리를 듣고 있답니다 사진을 서랍 속에 넣어두어도 계속 소리가 들려요

　저는 요즘도 결혼식장에 비디오 촬영을 나가고 있어요
　오늘 찍은 신랑 신부는 떨려서 표정을 잡지 못하겠다며 미안해했고 무척 좋으니 염려 말라고 했어요 그렇게 열심히 찍었던 적은 없었을 거예요 늘 따분했던 앵무새 주례도 더듬거리며 모처럼 말다운 말을 하더군요 결혼식이 끝난 후 두 장님은 축복을 받으며 나갔죠 순간 내가 찍은 건 그들이 볼 수 없다는 것을 알게 되었어요

　파울 클레의 그림 「지저귀는 기계」 앞에서
　저 찍어준 것 기억나세요? 마지막으로 찍은 사진 말이에요
　현상한 사진에 저는 없고 당신의 시선만이 있더군요

그래서 당신에게 보냅니다

이중색채를 위한 아르페지오

지붕 없는 폐지 창고에서 굴곡진 눈동자로 색채의 악연을 만난다 검정 속의 노란 종이에 어린아이의 시체가 말려 있었다 구두 속에서 곰팡이가 자라기 시작하자 구두는 빛을 강하게 빨아들인다 거리에서 죽은 빗물이 너와 나 사이를 흐른다 보라 속의 하얀 종이 위에 망각된 광기 뒤의 눈물이 쌓여 있다 썩은 피가 섞인 술잔을 부딪친다 그 잔은 내 것이 아니었다 우리의 것이 아니었다 온몸의 감각 세포에서 독사들이 우글거린다 내가 애지중지하며 길렀던 것들이다 빨강 속의 검정 종이에 뛰어놀던 고양이가 술잔에 털을 빠뜨린다 내 입으로 뛰쳐나온 한 마리 독사가 응고된 새벽을 품고 있다 너는 새벽을 죽인다 아홉 번의 확인사살 속에 내가 있었다 초록 속의 주황 종이 위로 악몽에 시달리는 잎사귀들이 권태롭게 찢어져 있었다 플랑크톤이 이상 번식을 시작한다 의사의 오진(誤診) 위로 축 처진 전구가 빛나고 있다 나의 실어증은 잠들지 않는다

야간약국 가는 길

정류장에서 야간약국으로 가는 버스를 기다리고 있었다 온통 긴 머리로 뒤덮인 여자가 나무 의자에 앉는다 그녀의 머리카락에서 밤과 낮이 만나는 곳으로 간다고 말하는 소리가 들렸다 나는 그녀의 숨소리를 오래도록 듣고 있었다 정육점을 실은 버스가 오자 그녀는 소매를 흘리며 버스에 오른다 정류장의 휴지통에는 얼굴 없는 안경들이 담겨 있었다 버스는 왜 이리 늦는 것일까 야간약국으로 가려면 사진 현상소를 실은 버스를 타야 한다 하늘은 온통 붉은빛이었다 잠시 후 비닐 공장을 실은 버스가 왔다 아까 보았던 여자가 담요에 싸인 아이를 안고 내렸다 그녀는 정류장 주위의 소금으로 된 돌들을 씻어 아이에게 먹였다 사진 현상소를 실은 버스가 오자 그녀는 함께 버스에 올랐다 나는 그녀 앞에 서 있었다 바람이 불 때마다 그녀의 아무 윤곽 없는 종이 헝겊 얼굴이 드러났다 그녀의 목소리와 숨결은 어디에서 나오는 것일까 그녀는 어제 한 줌 흘린 피에서 난생처음 보는 꽃이 피어났다고 자신은 그 꽃에 빛이 많다고 말한다 머리카락이 타고 있었지만 그녀는 하던 말을 멈추지 않았다 오래된 햇빛과 죽은 돌들이 그 꽃을 쉬게 할 것이라고 말했다 머리카락은 순식간에 타버렸지만 그녀의 얼굴은 불이 붙지 않았다 아이의 울음소리가 그치지 않았다 버스는 긴 터널을 지나 종이로 된 도시에 도착했다 나는 버스에서 내려 야간약국을 찾는다 그곳에서 어머니의 옷장에서 훔쳐 먹던 약을 사야 한다 건물마다 병원이 있었다 안과에서 나온 그림자가 블럭마다 서 있었다 그들은 알아들을 수 없는 노래를 부르며 다가왔다 소리를 지르면 그들은 물먹은 휴지처럼 찢어져 경련했다 그림자 하나 죽이는 것은 담배 한 개피 빌리는 것처럼 간단한 일이었다 목소리는 조금씩 커져갔고 아무도 내 말을 알아듣지 못했다 죽은 그림자들을 밟으며 야간약국을 찾았지만 새들이 게으른 태양을 집어내며 웃고 있었다

거미와 동전

그 거미는 태어날 때부터
거미줄 만드는 방법을 모르고 있었다

머물 곳 없던 거미는 창가에 떨어져 있는 동전에서 어머니들의 침 냄새를 맡았다 동전에는 죽은 햇빛이 차곡차곡 쌓여 있었다 은빛 동전의 중심에는 물컹거리는 달이 떠 있었다 그것이 유일한 숫자였다 표정 없는 바람이 불 때마다 달에서는 소금가루가 조금씩 떨어졌다 그 주위로 작은 물방울이 수없이 돋아났다 동전의 굴곡마다 나방가루가 묻어 있었다 거미는 보이는 대로 나방가루를 열심히 먹어치웠다 그리고 몸이 조금씩 허공에 뜨기 시작했다 조금 더 나방가루를 먹으면 날 수 있다고 믿었다

거 미 는 동 전 을 뒤 집 는 다

달이 터지면서 바닷물이 쏟아져 나왔다 거미는 거대한 해일 앞에 있었다 동전은 낯선 섬의 바닷가에 떠밀렸다 해변에는 자갈과 모래가 뒤섞여 있었다 동전의 뒷면에는 어머니들의 젖은 뱃가죽이 널려져 있었고 나방가루는 보이지 않았다 거미는 뱃가죽들을 모아 한번도 본 적이 없는

자신의 날개를 만들기 시작했다 계속 몰아치는 파도에 날개는 마르지 않았다 거미는 뱃가죽을 등에 업고 동전에 붙어 있었다 젖은 날개가 동전 전체를 덮으며 녹아 흐르기 시작했다

거미는 어머니들의 배 속에 갇혀
나방의 애벌레가 되었다

감염

지하실에 물개가 거꾸로 걸려 있었다 어머니는 부지런히 진흙을 날라 그 아래에 있는 의자에 바르셨다 어머니 물개는 왜 죽었나요 그건 너희들의 머리카락을 삼켰기 때문이란다 어머니가 지하실에 쥐약을 놓는다 나는 죽은 쥐를 가지고 놀았다 그때마다 고양이들이 죽어나갔다 왜 우리 집에서는 동물들이 오래 살지 못하나요 그건 지하실에 있는 사나운 태양 때문이란다 어머니 동네 고양이들한테 소나기 냄새가 나요 그놈들의 숨결이 날 괴롭혀요 아들아 고양이들을 목욕시키거라 그리고 너를 할퀴지 않는 놈을 데려와 태양을 묶어두었던 의자에 올려놓거라 고양이들을 목욕시키자 내 손톱에 갇힌 죽은 쥐들이 무럭무럭 자라났다 저를 할퀴지 않는 고양이는 없던걸요 의자 주위에도 모래만 가득하구요 가장 사나운 고양이를 죽여서 목욕시키거라 그리고 네가 본 것은 모래가 아니라 의자에서 떨어진 햇빛이란다 어머니 보세요 고양이들이 할퀸 자국에서 아가미가 생기고 있어요 제 가슴에서 비린내가 나요 아이들이 여름비를 기다리며 춤을 추고 있어요

낡은 서랍 속에서 1
―옷

나 그때 보라색 옷을 입고 있었지만 모두들 파란색이라 했네 아무도 내 말을 듣지 않네 내가 파란색 옷을 훔쳤다고 하네 모두들 녹색 옷을 입고 있었네 그들은 침을 뱉고 내 심장을 조각하네 피할 수 없었네 보라색이란 없는 거라 하네 내 옷을 벗기고 불을 지피기 시작했네 나 발가벗겨져 서 있었지만 부끄러움조차 힘겨웠네 옷을 찢어 태우기 시작하네 파란 연기가 피어오르네 그들의 눈과 머리도 검은색이었지만 내 눈이 검은색이라 욕하네 내 머리가 검은색이라 욕하네 나 서 있을 자리가 없었네 몹쓸 말들은 땅만 지키고 있네 거꾸로 박힌 수많은 못이 나를 향하고 있네 사람들의 시선에 숨이 막혔네 그들은 나에게 파란색 칠을 마구 해댔네 난 내 몸에 불을 지폈네 보라 연기가 피어오르네 그들은 여전히 파란색이라 하네

낡은 서랍 속에서 2
── 거미

지독한 불면증에 시달리고 있었네 잠을 자면 못 일어날 것 같았네 내 눈에는 독거미가 살고 있었네 간혹 거미줄을 치고 춤을 추곤 했네 거미 다리에 눈동자가 다치지 않을까 걱정했네 그 거미는 다리에 털이 많았네 잠을 자면 내 눈에 침을 뿌릴 것 같았네 눈을 빼기로 마음먹었네 거미 다리가 보이는 왼쪽 눈을 빼보았네 그때 오른쪽 눈에 또 한 마리의 거미가 보이네 알고 보니 두 마리의 거미가 살고 있었네 남은 눈도 빼버리기로 했네 앞을 볼 수 없었지만 고통스럽지 않았네 무언가 눈 부위를 기어다니는 것을 느꼈네 눈물도 나오지 않았네 날이 갈수록 한 마리, 한 마리 늘기 시작하네 전에 살던 거미가 알을 까놓았네

낡은 서랍 속에서 3
──구두

가슴속이 텅텅 비어 바람소리가 머물곤 할 때 Child in Time의 오르간에게 편지를 쓴 적이 있다 은빛 울음을 우는 새가 내 눈동자 속에서 나오지 않고 아무리 눈을 깜박거려도 날갯짓을 하지 않았다 난 오랫동안 눈을 감고 있었고 가슴에서는 무덤을 파는 소리가 눈에서는 둥지를 트는 소리가 들렸다 갈색 바람은 둥지를 날려버리고 새를 데려갔다 나는 바람을 피해 구두 속에서 웅크리고 있었다 내 고막에서는 조용히 피를 희뿌리고 구두 밖에서는 우울한 축제가 시작되었다 나는 낡은 구두 속에서 입을 틀어막고 있었다

II

반조(返照)

그곳에는 다른 차림의 시간들이 공존하고 있었다. 나는 고등학교 교복을 입고 대학 친구와 만나기로 한 역에 서 있었다. 대합실의 화면에서는 몇 주 뒤의 뉴스가 나오고 있었다. 사람들이 모두 그 앞에 몰려들었지만 보고 싶지 않았다. 지나가던 한 여자가 나를 알아보고는 앞으로 다가왔다. 자연스럽게 아는 체하지만 그녀가 누군지 모른다. 그녀는 나를 데리고 학교로 갔다. 교실에서는 전에 보았던 영화를 상영 중이었다. 난 소리쳤다. ──바로 저 장면이야. 내가 제일 좋아하는 장면이지. ──그 장면은 점토와 선들로 이루어진 애니메이션 영상이었다. 그 교실에서 군대에 있을 때의 상관을 만났다. 그는 자신의 한쪽 다리가 더러운 사진에 묻혀 있다고 했다. 그리고 찢어진 군복과 더러워진 군화에 대해 크게 떠들었다. 수업을 마치는 종이 울렸다. 귀가 아픈 침묵이 계속되었다. 거미줄이 허공에 뜬 채 땅으로 떨어지지 않았다. 거미는 아무리 찾아도 보이지 않았다. 다시 수업이 시작되었다. 그때서야 교실을 잘못 들어왔음을 알았다. 알고 보니 바지를 입지 않고 있었다. 부끄러워 교실 문을 열고 나왔다. 아무도 나를 쳐다보지 않았다. 그 문은 다시 역으로 통하고 있었다. 대학 친구는 이미 와 있었다. 나는 약속 시간이

늦어 미안하다고 했다. 그는 가방에서 바지를 꺼내 주었다. 오다가 어떤 여자가 건네주었다고 했다. 발을 디딜 때마다 먼지에 얽힌 거미줄이 날렸다.

전염병이 도는 마을

마을에 아이들의 이빨이 녹는 전염병이 돌기 시작했네 어른들은 알아차리지 못하네 아이들은 배가 고팠지만 아무것도 먹으려 하지 않았네 학교에서는 아무 얘기도 하지 않고 지냈네 동네 지붕마다 달이 박혀 있었네 식초를 마신 여인네들은 지붕에 올라 달을 찢어 아기를 훔쳐가네 아이들은 이빨을 녹여 먹으며 거리를 쏘다녔네 아무도 무리에서 떨어져 나가려 하지 않았네 정거장마다 걸린 옷걸이에는 사람들이 갈아입은 옷들이 몇 겹으로 가득했네 도로에는 개가죽들이 솟아 있었지만 자동차들은 속도를 늦추지 않았네 아이들은 길가에서 커다란 빈 분유통을 굴리며 놀았네 차들이 지나갈 때마다 아이들은 개털을 들이마셨네 그때마다 녹아버린 이빨을 토해 냈네 아이들은 그것들을 모아 지붕에 박힌 달 속에 넣어두었네 아이들은 손톱으로 서로의 이마에 구멍을 뚫었네 소독차가 마을을 돌고 아이들이 떼 지어 쫓아다니네

춤 없는 무곡(舞曲)

검은 물감이 묻은 액자 속에는
나 없는 곳의 내가 병 안에 갇혀 있다
책을 쌓아 손바닥만 한 구멍이 뚫린 천장으로 오른다
액자 밖에서 어머니가 나를 부르면
구멍은 어깨가 들어갈 정도로 넓어졌다

그곳에서 느리고 어두운 무곡을 연주하는 오르간 소리가 들려왔다 구멍 속에는 두 개의 태양이 떠 있었고 그 아래 손가락이 엉겨붙은 소녀가 오르간을 연주하는 것이 보였다 아이의 눈은 유리상자에 담겨 있었다

    아이야
    네 눈이 마르지 않도록 자주 물을 줄게
    매일 너에게 바흐의 샤콘느를 들려줄 거야
    네 눈물을 받아 마실게
    샤콘느만큼 눈물을 흘릴게
    전 매일 시냇물에서 노는걸요
    어제 새벽 태양이 초생달을 물어뜯었어요
    목쉰 바람은 서럽게 울며 진흙을 토해 냈어요
    별들이 서로 자세히 보려고 키득키득거리고

대지는 숨죽이며 외면할 때
다른 태양이 달려들어 싸우며
피 흘리는 초생달을 집어삼켰어요

아이가 검은 건반을 누를 때마다 덜 굳은 피들이 터져 나왔다
유리하늘에 새들이 부딪혀 눈이 쏟아졌다

모놀로그 + 모노그램

전화벨 소리에 깨어났다 나는 전화기 버튼에 꽂혀 있었다
목에 심한 통증을 느껴 깨었는지도 모른다
무언가 걸려 있었다
간신히 죽은 벌레들을 뱉어냈다 간밤에 그녀의 #은 목구멍에 살충제를 뿌려댔다 나는 그녀의 아틀리에로 갔지만 오늘도 문은 굳게 잠겨 있었다 그녀는 어제 그림을 그리지 않았다
문 앞에는 아이들이 이빨로 직접 잡은 짐승들을 쌓아놓은 것이 보였다 아직까지 얼룩, 얼룩… 신음 소리가 덧입혀진 혓바닥을 길게 내밀고 있었다
하늘에는 반지 모양의 태양이 열대의 식물을 쏟아내며 며칠째 떠 있다 나는 혀를 뚫어 식물들의 노래를 듣는다
음악이 끝나면 목구멍에서 아기들이 토해졌다

아이들의 코에서 자라는 그녀의 손톱,
또 하나의 둔주곡(遁走曲)

나는 나를 뒤에서 안아본다

불규칙한 건물

여름과 겨울만이 있는 그
                곳에서
메 트 로 놈 사이로 비가 쏟아졌다
            작
              열
                하
              는
            소
              나   기
    뜨거워서 걸을 수 없었다
      도로 위에 녹아 흐르는 중앙선
              나의 길은 닳고닳아 납작해졌다
   화상 입은 사람들이
    건물로 뛰어들어 가는 사이
        해적 음반을 팔던 사람들이 계단을 치우고
건물 안에서도 비가 내리고 있었다 어떤 하늘도 경건한 적이 없다 이곳은 나프탈렌 냄새로 가득하다 입술이 지워진 아이들이 일렬로 앉아 긴 손톱으로 죽은 인형의 머리를 빗기고 있었다
빗물이 떨어지는 곳마다 검은 점이 새겨졌다 내 몸은 곧 점으

로 뒤덮인다 허겁지겁하지 말아라 　　　　　천장에 박혀
　　　　　　　　　　　　　　　웃고 있는 후프
　　　　　　　　　　　　노란 비단을 몸에 감으며
내려오는 점박이 인형
나를 안고 등에 꽂은 칼
그의 심장을 뚫는다
인형의 눈알이 굴러 떨어졌다 　　　　　그는 몇 조각으로
　　　　　　　　　　　　　　　　　　　흩어진다
　　　　　　　　　　가위로 인형을 자르며 놀던
　　　　　　　　　　　점박이 아이가
　　　　　　　　　　　　목 없는 나를 타고 달렸다

모피 입은 비너스 *

나의 오래된 샤먼
잠시라도 저를 잠들게 해주세요
이 차가운 바닥을 난 알지 못합니다
채찍의 가느다란 빛에 이끌렸을 뿐

하얗게 굳어져 가는 눈동자
눈썹까지 백발이 되고 있습니다
당신은 이유를 묻곤 합니다
'이유'는 늘 거짓말일 뿐이에요

빛나는
아프게 빛나는 가죽 부츠
어둠 속의 가죽 채찍을 든 여자아이여
당신의 북소리에 노예가 달려옵니다
그를 버리지 마세요

후려쳐주세요, 사랑하는 여왕이여
그리고 그의 마음을 치료해 주세요

검은 모피, 숭배 받는 오만함

거리의 네온에 지친 연약한 죄악들
그녀의 살빛을 따르네

'나'라는 노예, 메신저, 허상
나는 당신을 거기에서 기다린다

눈부신 가죽 부츠에의 키스
어둠 속에서 빛나는 가죽
채찍의 혓바닥이 나를 기다리는구나

사랑하는 여왕이시여
후려침으로써 나의 상처를 치료해 주세요
아무 자극 없이 당신의 매가
내 피부를 드나들 때까지

무릎을 꿇어라
가볍지 않은 사랑 속의 채찍을 맛보아라
나를 위해 피를 흘리거라

얼음으로 된 관(棺)에 갇히게 해주세요

나의 오래된 젖줄이여
당신의 새벽빛을 기다리겠습니다

이제 천 년이라도 잠들 수 있겠어
당신의 비누 냄새가 바닥에 가라앉을 무렵
천 개의 꿈들이 나를 깨우겠지
눈물로 이루어진 온갖 색깔들이

아프게 빛나는 가죽 부츠
어둠 속에서 가죽 채찍을 든 여자아이여
당신의 눈물 속으로 노예가 달려옵니다
그를 버리지 마세요
후려쳐주세요, 사랑하는 여왕이여
그의 상처를 치료해 주세요

* 벨벳 언더그라운드의 「Venus in Furs」 가사를 변주했음을 밝힙니다.

늘 그래요

저녁 굶고 술 마셔요 늘 그래요 TV는 계속 짖어대요 혼자 두어도 잘 놀아요 가끔은 알 수 없는 웃음소리가 흘러요 보지 않아도 TV를 끄지 않아요 그때의 정적이 싫거든요 시월이 오면 손에서 땀이 흘러요 종이가 찢어져 편지조차 쓸 수 없어요 늘 그래요 그녀는 다른 남자의 품에 안겨 있어요 생각해 보니 연락이 안 온 지 꽤 되었어요 그냥 무덤덤해요 내일은 영화나 한 편 보려고 해요 늘 그래요 웃다가 내가 왜 웃었는지 까먹어요 뭔가 재미있는 일이 있었던 것 같은데… 한참을 생각하다 그냥 덮어두기로 했어요 늘 그래요 집에 들어와 보니 피아노가 부서져 있었어요 피아노 속에는 묵은 기침이 가득하고 책에서 쏟아져 나온 글자들이 바닥에서 꿈틀대고 있었어요 눈썹에서 물감이 묻어 나와요 나는 허공에 검은 물감을 풀어 넣어요 늘 그래요 회색 물방울들이 날아다니며 기타 줄을 건드려요 꿈은 언제나 명확해요 사람들은 왜 자신이 하나의 꿈이라는 걸 믿지 않을까요 가방에서 잉크가 새고 있어요 옷이 더럽혀졌어요 사람들이 모래처럼 휘날려요 늘 그래요

창문 없는 여인숙

내 침대는 벌써 몇달째 바다를 *浮游*하고
술을 먹지 않았는데도 늘 취해 있었다

침대 시트를 바꾸고 싶다는 생각이 들었을 때 침대 끝에서는 주인 없는 배들이 코펜하겐을 향해 떠나고 있었다

나는 이 냄새나는 시트를 영원히 바꾸지 못할 것이다

해파리들이 수면 가까이 떠오르자 *旅毒*에 지친 소매가 펄럭거렸다 침대는 코펜하겐 항구에 무사히 정박하고
　나는 히피 부락 크리스티안나(Christiana)에 들어갔다

　아이들은 담벼락에 페인트를 칠하고 있었다
　크리스티안나의 상점마다 마리화나 향기가 가득했다
　질 나쁜 마리화나에 기침하며 나는 뱀을 잡아 노란색 페인트 통에 담근다 뱀은 발부터 몸 구석구석을 페인팅한다
　아름다운 뱀아, 내 식도를 파고들어다오
　길고 얇은 그 혀는 내 입천장과 이빨 하나하나를 간지럽혔다

내 혀가 뱀의 혀를 더듬자 뱀은 곧 죽고 말았다
나는 뱀의 식도 속으로 긴 혓바닥 위를 달렸다 침 범벅이 되어 계속 미끄러졌다 요동치는 혀에 손톱을 박는 순간
혀는 나무가 되어 있었다
아무 열매도 잎새도 없었다

크리스티안나에서 나온 후 종일 마약 단속견들에게 쫓겨다녔다
항구에 도착했지만 내 침대는 찾을 수 없었다

자전거

내 자전거는 너무 낡아 있었네 거리에 버려두어도 아무도 가져가지 않았네 젖은 눈동자가 다가와 자전거를 태워달라 했네 뒤에 태우자마자 자전거가 흠뻑 젖었네 밤의 손가락 사이로 가자고 하네 자전거는 곧 녹이 슬어 더 이상 나아가지 못했네 젖은 눈동자가 비웃으며 가버렸네 내 다리는 굳어진 꿈에 갇혀 움직이지 못했네 회전하던 방향도 곧 잊어버렸네 그때 오래된 눈동자가 다가왔네 그 눈길의 따스함은 갇혀 있던 내 다리를 풀어주었네 자기를 젖은 벽으로 데려다 달라고 하네 나 물기가 두려웠지만 젖은 벽을 향해 달렸네 하늘의 별들이 있는 힘껏 나를 비웃었네 더욱 거세게 달렸네 습기가 얼굴을 덮치네 자전거도 흠뻑 젖었네 젖은 벽이 눈앞에 있었지만 오래된 눈동자는 자전거를 세우지 말라 하네 벽에 부딪혀 자전거가 구겨져 버렸네 젖은 벽에서는 나무가 짐승처럼 자랐네 녹슨 자전거에서 구겨진 꿈들이 튀어나왔네 구겨진 눈동자들이 하나 둘씩 나무에서 떨어졌네

죽은 나무에도 새는 잠시 쉬어간다

파란 종이에 엎질러진 잉크. 煙草 몇 모금. 소나기만큼의 환각. 그 한 줄기 가지에 새가 있다. 그 새는 몸에 젖은 잉크를 털어 잎을 만든다. 하얀 종이에 마구 흩어진 잉크. 새는 나무가 지겨워져 날아간다. 사라지는 잎사귀. 사라지지 않는 뭉치. 한번도 그 둥지 속에서 새가 나오는 것을 본 적이 없다. 회색 종이에 제멋대로 뿌려진 잉크. 나무는 올해 열매를 맺지 않았다. 어쩌면 작년, 아니 몇 해 전부터 죽어 있었는지도 모른다. 벌거벗은 나무. 손도 감쌀 수 없는 옷자락. 빨간 종이에 쏟아진 잉크. 다시 새가 날아온다. 땅은 나무를 너무 단단히 쥐고 있다. 나무는 새를 떨쳐버리지 못한다. 수줍게 떨고 있는 옷자락. 단 한번도 그 둥지 속으로 새가 들어가는 것을 본 적이 없다. 새는 그저 가지에서 잠시 쉬어갈 뿐이다. 검은 종이에 스며든 잉크. 煙草 몇 모금. 전화벨이 계속 울리는 환청. 그 한 줄기 가지에 새 울음소리는 들리지 않는다. 남은 잉크를 다 쏟아 붓는다. 빈 잉크병을 나무에 던져 깨뜨렸을 때 새가 날아가는 소리가 들렸다.

북

무거운 북소리가 들리기 시작했다 나는 북 속에 갇혀 있었다 흰 수염 난 여자가 북을 두드린다 그녀의 얼굴에서 기미가 아름답게 빛났다 어부의 아들이 천장에서 문으로 이어진 현(絃)을 뜯기 시작하자 한번도 넘어진 적 없는 사람들이 그의 다리에 못을 박고 몇 줄의 현을 끊어버렸다 내 혼의 일부가 시궁창 속으로 유괴되었다 나는 제대로 피지 못한 꽃 속을 걸어다니며 암술과 수술을 보이는 대로 찾아 먹었다 나에겐 과거도 미래도 없었다 흰 수염을 생각할수록 북소리가 가득 차 얼굴이 자라났다 북의 가죽에 머리가 닿자 얼굴이 서서히 조각나기 시작했다 그녀는 나를 건져 올려 상처에 침을 뱉는다 침이 땀과 섞여 바닥으로 떨어졌다 그녀는 칼날을 감싸 쥐고 내게 손잡이를 잡게 했다 따뜻하고 부드러운 나무의 촉감에 취해 있는 동안 바닥에 바닷물이 흐르고 고래 한 마리 들어와 있었다 어부의 아들은 북을 태우며 자신의 다리에서 흐르는 피와 나에게 쏟아지는 피를 섞어 끓이기 시작했다 나는 그것을 마시고 혀를 베어 고래가 울고 있는 바다에 던졌다 고래는 입으로 울지 않았다

내 혀가 헤엄치기 시작했다

재즈빌

여권을 보여주십시오. 트럼펫 모양의 아파트에 다다르자 재즈빌 관리자가 말했다 그의 옷에는 마일스 데이비스 얼굴이 새겨진 배지가 박혀 있었다 나는 이곳에 오기 위해 화성학과 블루 노트를 공부해야 했다 그러지 않으면 여권을 받을 수 없기 때문이었다 여권 연장을 위해서는 존 콜트레인과 칙 코리아의 모든 음반을 들어야 한다 우선 목이 말라 빌 에반스 칵테일을 주문했다 모자에 세 개의 날개를 가진 새가 앉는다 내 머리카락이 북을 치기 시작하자 피아노 건반 위로 기차가 지나간다 나는 악보에는 그릴 수 없는 건반과 건반 사이의 음들을 듣고 있었다 모자이크로 만들어진 사람들이 음표로 만들어진 문을 찢으며 들어와 자신들의 몸뚱이만 한 하모니카를 불었다 고막이 터질 지경이었다 나는 웨이터에게 물었다 알 디 메올라는 언제 나오나요? 정확히 알 수 없습니다 악마와의 스페니쉬 고속도로 경주가 아직 끝나지 않아서요 구겨진 벽에서 장고 라인하르트의 연주가 들렸다 화재 사고로 왼손의 두 손가락을 사용할 수 없었던 그 집시는 현(絃)으로 말했다 ─손가락이 하나 없어지면 나머지 손가락으로 기타를 쳐야 하며 세 개가 없어져도 나머지 두 손가락으로 쳐야 하는 것이다 모두 없어진다면 손뭉치로 쳐야한다 그것이 삶이다——이제는 늙어버린 쳇 베이커가 콜록이며 트럼펫을 불고 있었다 그는 내일 자살로 추정되는 의문사로 발견된다

반달이 비추는 마을, 우리는 초생달을 쥐고 있었다

슬라이드에서 바람이 쏟아진다 늙은 교수의 가슴에 쌓여 있던 백묵가루가 교실에 떠돌아다녔다 그는 시계를 풀어 놓고 화면을 넘기기 시작한다 시계에 갇혀 있던 무덤 인부들이 흘러나와 교실 바닥에서 허수아비의 뼈를 파내 아이들에게 나누어 주었다 아이들은 구멍을 내어 목걸이를 만든다 교수의 두꺼운 뿔테 안경이 빛날 때마다 슬라이드에서는 모래가 쏟아졌다 그는 어제 소홀했던 부분을 주의 깊게 보라고 했지만 기름종이에 쓰여 있는 글자들은 매일 조금씩 꿈틀거렸다 아이들은 벽시계에서 뻐꾸기를 잡아 뽑아 성냥불을 긋는다 뻐꾸기가 타는 동안 유리장수들은 모래를 뿌리며 노래를 불렀다 교수가 마른기침을 할 때마다 웅크린 의자에서 혓바닥 썩는 냄새가 났다 나는 자전거를 거꾸로 타고 교실을 맴돌았다 벽에는 우산이 꽂혀 있었지만 아무도 빼내려고 하지 않았다

나방

나방이 날개를 벌리고 앉아 있다 라이터를 집는다 나방이 담배 속으로 숨는다 나방의 아치형 배가 실룩거린다 나는 참지 못하고 불을 붙인다 어느새 담배는 라이터 속에 박히고 더 이상 태울 수 없었다 라이터를 거꾸로 내려친다 입 속에 무언가 씹혀 뱉어냈을 때 나방의 터진 배가 실룩거리고 있었다

정지한 태양

1 序詩

두 눈을 다 뜨면
하나의 실상을 볼 수 없다
두 개의 허상이 보일 뿐

눈 하나를 감으면
비로소
뚜렷한 하나의 실상이 보인다

2 회색 아침

죽은 바람과 발목이 날아간 새가
세상에서 잠들어 있는 것과
꿈속에서 깨어 있는 것에 대해
내게 말을 하기 시작하고

나는 그 모든 것을 이해할 수 있었다

거짓 아침에 나는 보았다
나무에 걸려 있는 종이에 잘린 팔들과
그 밑에서 떨어지는 피를 받아먹던 사람들을
미친 아이가 다리를 절며 추는 춤을

아침은 해를 가둬놓고
새벽의 혀를 뜯어먹고 있었다

3 낯선 글자

모든 언어가 감옥에 갇혀버린 아침
그 속에서 꾸는 낯선 꿈

처음 보는 듯한 오래된 글자들이
나를 노려보고 얼굴을 더듬거리는 엇갈림

땅에 떨어진 글자들을 주워
묻은 흙을 털어내자
그들은 의자가 되어

차곡차곡 쌓여졌다

높게 쌓여진 의자들에 대해
나는 미친 듯이 분노했다
온몸을 던져 의자들을 쓰러뜨리자
셀 수 없이 많은 모자들이 튀어나왔다

4 현미경의 눈

모자들은 나에게 말했다. ──너는 태양을 똑바로 쳐다보았기 때문에 눈이 멀었다. 너에게 현미경의 눈을 주겠다. ──그들은 내 가슴에 다이아몬드를 심었다. 고통이 크면 클수록 다이아몬드는 잘 자라났다. 다이아몬드의 성장이 더딜 때 그들은 현미경의 배율을 확대했다. 세상은 온통 더러움으로 가득 차 있었다. 숨을 쉴 때마다 병균과 세균들이 들락거렸다. 책을 보고 싶었지만 글자들이 피곤해했다. 때로는 글자들이 내 살을 파고들어 헤집고 다니기도 했다. 다이아몬드가 자랄 때마다 가슴속과 내장을 찢어 놓았다. 그들은 내가 죽지 않을 만큼 다이아몬드를

키우다가 도려내고 또 도려내어 갔다.

5 유리가루

내 방은 유리가루로 가득하다. 유리가루는 눈에 박혀 프리즘이 된다. 빛이 없으면 모든 것은 평등하다. 발바닥에는 유리가루가 수없이 박히고 그것들은 혈관을 타고 온몸에 퍼진다. 유리가루가 머무는 곳마다 공기방울이 생긴다. 공기방울이 생길 때마다 차를 타고 긴 터널을 지나는 것처럼 기분이 좋아졌다. 공기방울 속에는 태어나서 지금까지 내가 신었던 신발들이 자라났다. 수많은 신발들이 허우적대는 밤… 그들이 나를 걷어찰 때마다 잠에서 깨어났다.

6 거대한 무지개

따뜻하고 거대한 무지개는 행복하여라. 일곱 색깔보다 더 많은 무지개는 축복이어라. 色色의 경계에 숨어 있는 아무런 날개 없는 빛깔들… 그것은 지독한 안개였을까. 그것은 심한 모래바람이었을까. 축제 같은 머리칼이 내게 불경스러운 소리를 외쳐대며 땅을 향해 급하게 자라났다. 모든 아이들이 나를 보고 달아났다. 온몸에서 털이 자라고 있었다.

손금이 사라지는 것을 느낄 때마다
크레파스 냄새를 맡곤 했다

7 변기 속의 물고기

천장에서는 쉬지 않고 물이 떨어졌다

누군가 그것은
몇 해 전의 겨울에 얼었던 물이
녹아 떨어지는 것이라 했다

그 물이 떨어지는 곳에
삼각형의 변기가 있었고

그 속에는 소변을 먹어야 살 수 있는
물고기가 살고 있었다

물이 떨어지면서
변기 속은 더러워져갔고
물고기는 허우적대며 죽어갔다

나는 그 물고기를 건져
오줌을 먹여주었다

8 시계의 감옥

손목시계는 내 맥박 소리에 맞추어 달리다가 시간을 앞지르기도 한다. 하지만 벗어놓으면 곧 죽어버린다. 어젯밤 시계가 죽은 시간 12시 10분. 자는 동안 시계 속에 갇히는 꿈을 꾼다. 시계에 사나운 태양이 들어와 불이 붙기 시작한다. 나는 시계 속에서 아편 처먹은 고양이처럼 밤새도록 뛰어다닌다. 시계의 감옥 안에서 꾸는 반복되는 꿈… 나는 불에 타버린 내 시체를 건져 벽에 걸어놓고 총

구를 겨누어 확인사살한다.

9 다시, 회색 아침

하루 종일 널어도
마르지 않는 수건으로
이마를 닦는다

기침을 할 때마다
온몸의 성감대가 아파왔다

저녁 같은 은폐의 아침
하늘에 보이는 삼각형 속의 역삼각형
그 속에 붉은 회색이 있다

죽은 시계를 꺼내서 손목에 찬다
초침이 움직이기 시작한다

12시 10분이 아니라
2시였다

III

유리

몸 안에 있던 유리가
모두 깨져버렸다
현(絃)을 잘못 짚은
연주자처럼 놀란다
어머니는 금이 간 손톱으로
이마를 만지시며 말씀하셨다
──애야, 그렇게 멀리 가지 말거라
──어머니, 전 떠나야 해요
숨을 쉴 때마다
유리가 으깨지는 소리가 들렸다
──조금만 기다려보렴
　밖은 너무 어두워졌단다
──손톱에서 피가 흘러요
　곧 저는 피투성이가 될 것 같아요
──애야, 그렇게 멀리 가지 말거라
　곧 초생달이 뜬단다
──몸이 점점 무거워져요
　무언가 차올라와요

나의 모든 땀구멍에서

분수처럼 피가 솟고 있었다

태내(胎內)

1

길을 걷다가 종이에 살을 베인 것처럼 놀란다 예전에 분명히 이곳에 온 적이 있다 그때도 저 아이가 지나가고 있었다 정확히 이 순간에⋯ 나는 이 세상이 어떤 거대한 생명체의 아주 작은 세포 하나에 불과하지 않을까 아니 세포 속의 더 작은 그 무엇이 아닐까 상상했다 그리고 내 몸 안에서도 아주 작은 생명체들이 세상을 이루며 '나'라는 우주를 상상하지 않을까 생각했다

2

닳아빠진 미래로부터 나는 보았다 내 성기에서 벌레들이 쏟아져 나오는 것을⋯ 거리는 벌레들로 가득했다 오래된 것일수록 깨끗했다 죽은 벌레의 가루들을 모아 무거운 날개를 가진 새에게 먹이면 질투 많은 바람이 몰려와 적당히 공기를 어지럽혔다 나는 하늘거리는 숨을 들이켜다가 다시 신경의 날실이 온몸에 얽힐 때까지 벌레들을 방뇨했다

3

그렇게 한참을 벌레들을 쏟아내고 나면 반복되는 일들⋯ 나는 그 다음 장면을 모두 알고 있었지만 늘 똑같이 놀랐다 수은으로 뒤덮인 구(球) 주위에는 타원 모양의 띠가 걸려 있었다 그 원을 따라서 붉은 혀가 돈다 혓바닥이 구부러질 때마다 귀가 멍멍했다 잠시 후 긴 나무 막대기를 어깨에 올려놓은 이가 다가와 동굴로 가기를 권한다 그를 밀치고 도망친다 아무리 멀리 달려가도 구(球)는 태양처럼 움직이지 않고 떠 있었다 한참을 달리다가 낯익은 동굴에 도착한다 그 동굴은 바스락거리는 검은 천으로 막혀 있었다 다급하게 구멍을 찾다가 천을 찢고 안으로 들어간다 아까 보았던 남자가 기다리고 있었다 그는 동굴 안쪽으로 나를 인도한다

4

깊숙이 들어가도 동굴은 어두워지지 않는다 그곳은 땀방울 같은 공기로 가득 차 있다 의자는 보이지 않았다 습기

찬 벽에 입을 대자 다리가 녹아 흐르기 시작했다 나는 미친 듯이 그에게 욕설을 퍼부었지만 그는 고개를 끄덕이며 녹은 다리는 빛을 파괴하며 흐르는 강이라고 아주 느리게 얘기했다 그의 어깨에 놓인 나무 막대기에서는 왼쪽부터 정연하게 못이 솟아올랐다 그리고 못이 한순간에 허공으로 튀어 올랐다 동굴 깊은 곳에서 수은이 폭발하듯 넘쳐흘렀다 나는 서서히 녹아 수은 줄기를 따라 흘러다녔다

5

깨어났을 때
내 주위를 돌고 있는 붉은 혀가 보였다
파란 핏줄이 선명하게 드러나 있었다

혀가 멈추지 않고 돌면
어머니가 죽게 된다는 두려움에 한없이 울었다

기면(嗜眠)

아침에 일어나 보니 학교였다 학생 주임이 지나가다 교복을 입지 않았다며 야단치기 시작했다 똑같은 얼굴을 한 아이들이 하나 둘씩 나타났다 교복을 입지 않고는 학교에 있을 수 없었다 학교 담을 넘는다 교사들이 내 이름을 뒤집어 부르기 시작한 뒤로는 매일 꾸중을 듣는다 배가 고파 눈에 보이는 식당에 들어갔다 이 동네에 십 년이 넘게 살았지만 단골 식당 하나 없다 차림표에는 국밥뿐이었다 주인은 선지가 상해서 국밥은 안 된다고 했다 그녀는 중년이 훨씬 지나 보였지만 어린아이 옷을 입고 있었다 생선 구이는 어떠냐고 물었다 거절하지 못했다 주인은 줄담배를 피워대며 식사를 준비했다 머리가 양쪽에 달린 처음 보는 생선이었다 상한 냄새가 진동했다 그녀는 생선을 주며 빨리 먹으라고 재촉한다 내키지 않았지만 너무 배가 고팠다 허겁지겁 먹고 있는데 담임 선생이 식당에 들어오더니 생선 장수를 만나지 못했다고 말한다 그가 식당 구석의 방문을 열자 우리 반 아이들이 서로의 뼈를 잡아 뽑으며 살을 뜯어먹고 있는 것이 보였다 몸에 열이 나기 시작했다 나가려고 일어나자 주인이 나를 붙잡았다 온몸이 땀으로 흠뻑 젖었다 그녀는 음식을 남겼다며 화를 냈다 간신히 문밖으로 나왔지만 현기증 때문에 서 있을 수 없

었다 쓰러져 구역질하자 주인이 입었던 옷을 입은 어린아이가 내 등을 두드려주고 있었다

닫히지 않는 문

H는 하루에 담배 다섯 개피 피고 이 다섯 번 닦는 女兒였고 J는 하루에 담배 두 갑도 모자라는 그런 男兒였네 둘은 역 매표구에서 만나기로 했었네 약속 시간은 정하지 못했네 H는 오후 2시 반부터 기다렸네 J는 H를 조금이라도 오래 보기 위해서 준비할 게 있었네 역 허공에서 긴 머리카락이 스페니쉬 선율을 그리고 있었네 그곳은 긴 통로로 나눠진 두 장소로 되어 있었고 각각 몇 개의 출구로 가로막혀 있었네 J는 3시 15분부터 기다렸네 J와 H는 서로 다른 문을 가지고 있었네 아무도 문을 닫지 않았네 3시 15분부터 둘은 같은 장소에 있었지만 서로를 보지 못했네 긴 통로로 나눠진 가로막힌 두 장소가 서로를 멀어지게 했네 H는 지쳐서 눈물이 났네 J는 H'를 보면 미친 듯이 뛰어 다녔네 발뒤꿈치에는 피가 흐르고 있었네 온몸이 끈적거렸네 치통 같은 아픔이 폐 속에 고이네 4시가 되었네 아무도 문을 닫지 않았네 H는 가버렸네 J는 H를 계속 보지 못하네 발뒤꿈치에서 흐르던 피가 동공에 맺혔네 아무도 문을 닫지 않았네 4시 45분이 되었네 J는 다른 곳으로 가야 했네 아무도 문을 닫지 않았네 45분간 둘은 한 장소에 있었네 그 시간에 둘은 서로만을 애타게 기다렸네 처음으로 하나가 되는 시간이었네 아무도 문을 닫지

앉았네

타는 女子

그녀는 라디오에서 흘러나오는 낯선 목소리와 얘기하다 울음을 터뜨린다 낯선 목소리는 당황하여 바로 음악을 띄워 보낸다 그 흥겨운 노래는 그녀의 마음을 더욱 울적하게 했다 거울 앞에 앉는다——내가 가장 행복한 순간은 눈물이 날 때 거울 앞에서 내 눈을 바라볼 때야——천천히 예쁜 눈물을 음미한다 그녀는 눈을 깜박거리는 아름다움을 알고 있다 눈물이 마를 무렵 TV를 켠다 드라마 속의 평범한 한 가정의 저녁 식사 장면을 보며 그녀는 사람의 손가락처럼 슬픈 세상을 어렴풋이 이해한다 드라마의 막내아들이 같이 식사하기를 권하지만 그녀는 상냥하게 거절한다 그러자 그는 식탁 위의 음식들을 그녀에게 집어던지기 시작했다 밥을 먹던 나머지 식구들도 험한 욕설을 해댔다 점점 무거워지는 소외감을 버티지 못하고 채널을 돌린다 코미디 프로를 찾아냈지만 그녀는 조작된 웃음소리에 익숙하지 않다

그녀는 항상 무언가를 태우고 있다 그녀의 옷은 아무 연상(聯想)도 없는 빛깔이었다 담배 피우는 것조차 힘들어 보였다——온몸에 구멍이 났어 나도 모르는 사이 프레스에 찍힌 것 같아 그리고 그 구멍 사이로 음식과 아이들이

지나다녀—약을 바르기에는 상처가 너무 선명했다 그녀는 모든 공간에는 적당한 상처가 마련되어 있다고… 자신을 너무 소모했다고 말한다 그때 그녀는 자신의 손가락을 태우고 있었다

죽는 자와의 대화

　―죽음밖에 없다고 생각했습니다.
　나는 시체와 얘기하는 기분이었다. 이번이 그의 첫 번째 자살기도는 아니었다. 그는 자해할 때 아무런 고통도 느껴지지 않는다고 한다. 그의 머리는 두피가 벗겨져 머리털이 부분적으로 빠져 있었고 몸 구석구석에는 미친개 잡은 듯한 상처가 부끄러운 듯 굳은 피로 감추어져 있었다. 벽에 머리를 몇 번이나 부딪혔는지는 생각나지 않지만 몸을 헤집은 기억은 있다고 한다. 그의 머리 위에는 헬리콥터 열 대가 춤을 추고 있었다. 그 이상한 윤창(輪唱)… 혼을 빨아들이는 회전 노래… 그는 다시 힘주어 말한다.
　―차라리 죽는 것이 나았습니다. 눈을 뜨고 있는 것조차 힘겹습니다.
　그는 다리를 떨다 지쳤는지 잠시 멈춘다. 그의 다리는 본드처럼 녹아 의자에 걸려 있었다. 나는 죽음 전의 기분이 궁금했다. 손목에 칼을 그었을 때의 기분을 물었다.
　―황홀합니다. 말로 표현하기 힘든 황홀감입니다. 파도에 쓸려 내려가는 모래를 밟는 기분이랄까요. 한두 번 그었을 때 피만 나고 잘 끊어지지 않아 몇 번인가 다시 그었지요. 결국 실패했지만…

살아 있다는 게 멋쩍은 듯 웃는다. 칼을 잡았을 때 힘이 빠지지는 않았을까. 정말 잘 안 끊어져 여러 번 그은 것일까.

―그때 사방에서 비치는 불빛 속에서 춤을 추는 사탄을 보았습니다. 귓가에는 울음소리 같은 것이 웅웅거리고 죽어! 죽어! 죽어버려! 하는 소리가 들리더군요. 그리고 뭔가 파노라마처럼 펼쳐지는 것이 있었어요. 온갖 것들이 다 나타나더군요. 지금까지의 제 삶이요.

난 천사나 악마 같은 것은 있다고 믿지 않아 관심이 없어진다. 뭔가 펼쳐진다는 것도 많이 들은 이야기다. 그는 말을 시작하면 끝이 없다. 나는 그만 멍해진다. 그가 무슨 말을 하든 나는 고개를 끄덕인다. 고개를 저으면 말이 길어질 테니…

그는 아직까지 끈질기게 살아 있다

웅덩이에서 빠져나오지 못하는 나방을 본다. 조금만 위로 올라오면 날아갈 텐데 자꾸만 밑으로 기어들어간다. 날개를 아무렇지도 않게 움직이기도 하고… 잘 다닌다. 물속에서는 더듬이를 못 쓰나 보다. 곧 죽어서 물 위로 떠올랐다. 나방은 죽어서야 그토록 바라던 물 위로 나왔다.

날아가고 싶지는 않은가 보다

회복실

내 귀에 성난 짐승이 들어와 날카로운 뿔로 고막을 계속 찧어댄다 눈을 깜박거리지 못하는 그 짐승은 밤의 끝으로 달렸다 손톱 자국이 있는 나무들이 하나 둘씩 튀어 오른다 꺼지지 않는 불이 타고 있는 내 눈에 주사기를 박는다 수은(水銀)을 주입한다 나의 모든 겨울이 주사기 끝에서 뚝뚝 떨어진다 (짐승이 찧어대었던) 나무가 쓰러져 있는 섬들이 공기의 움직임을 따라 흘러 다녔다

내 눈동자에서 울다가 눈이 먼
어린아이 하나를 건져낸다

나를 숨쉬는 여자, 오늘 꽃을 버렸다

나는 기타를 치고 있었다 내 안에 살고 있는 여자의 몸은 음표로 가득 차 있다 그녀는 사람이 연주한 음악만을 듣는다 여섯 현(絃)에 그녀의 목소리가 미끄러진다 그때마다 죽은 누나가 흙이 되지 않고 나에게 걸어 들어온다 누나가 얼음을 멜로디에 떨어뜨리자 얼음이 깨져서 허공으로 튀어 오른다 어머니는 누나를 높이 치켜들었다 옷에서 마른풀들이 떨어지고 누이는 어머니에게 안겨 환하게 웃는다 나는 늘 내 한쪽 눈을 차지하고 있었던 그녀를 눈치채지 못했다 그녀의 굳어진 손가락이 기타 줄을 뜯고 있음을 알지 못했다 누나는 자꾸 나보다 어려지고 정원은 점점 작아져갔다 조그만 발자국들은 더 이상 춤추지 못한다 선명하게 흩어지는 음들이 내 몸을 도려내고 기타 줄이 녹기 시작한다 나는 떨어지는 현들을 삼킨다 목에서 낯선 소리들이 들리기 시작했다 배 속에서 꿈틀거리던 변성화음이 베인 자국을 비집고 흘러나왔다 누이는 그것들을 자신의 팔에 바른다 어머니는 어머니가 되지 못한 딸을 가슴에 묻고 눈뜨지 못하고 내 손을 잡은 아버지의 손도 눈뜨지 못했다 하루종일 손가락이 움직이지 않았다

애연(哀然)

공기가 무거워 일어서지 못했네
나 그 글자 보이지 않으려
마구 덧칠했네
내 손톱은 아름다운 뱀 껍질 속에
파묻혀 있었네
구름을 보고 싶었지만
하늘은 겉과 속이 뒤집혀 있었네
내 목소리조차 변조되어 있었네
마구 덧칠하다
종이가 찢어져버렸네
보기 싫은 무늬가 새겨졌네
종이가 험한 기침을 해대네
그 무늬에 미세한 출혈이 시작되네
종이를 선명하게 물들이네
피가 굳지 않네

나 놀라서 머뭇거리다
종이를 삼켜버렸네

얼룩말

멈추지 않는 지하철 안에 얼룩말들이 달리고 있었다 검은색과 흰색을 좋아하는 사람들은 움직이는 선명한 색을 잡으려고 날뛰었다 잡힌 가죽은 흑과 백으로 잘려졌다 좀 더 많은 가죽을 차지하려고 사람들이 다투는 동안 벌거벗은 아이들의 얼굴이 증발하고 있었다 가죽이 벗겨진 머리에 회색 시멘트가 부어지고 얼굴 없는 아이들은 알몸으로 자전거를 탔다 아이들의 살갗에 얼룩무늬가 새겨지고 있었다 자신의 손과 얼굴에서 흐르는 피를 핥아 먹던 사람이 자전거를 붙잡으며 결벽증에 걸린 비누에 칼과 유리가 박혀 있었다고 고함을 질렀다 아이들이 다른 칸으로 달리고 있었다

외출

그녀가 수많은 팔들을 헤치고 걸어옵니다
우리는 손을 잡고 구두가 기억하는 길을 걸어갑니다
조금 가다 보니 그녀의 손목만이 손에 쥐어져 있습니다
잃어버린 몸통을 찾아 왔던 길을 되돌아갑니다
거리에는 읽혀지지 않는 간판들이 흘러가고
그녀의 그림자들이 나무를 심고 있었습니다
아이들은 무등을 타고 열매를 따 먹습니다
열매가 없어진 나무들이 누워서 자라납니다
상점마다 녹슨 팔다리가 가득하고
철물점에 걸려 있는 그림에 그녀가 들어가 있었습니다
그림 속의 목 잘린 남자가 바이올린을 켜고
엉킨 나무들 사이에서 세 대의 피아노가
서로 다른 곡을 연주하는 것이 들려옵니다
음악이 끝나도 그녀는 그림에서 나올 생각을 하지 않고
내 손에는 다른 어머니의 손목이 쥐어져 있었습니다

닫히지 않는 문 2

저 오래된 여인숙

Quella Vecchia Locanda

두 겹의 꿈을 꾸었던 곳

그때 아낙사고라스의 처형식이 있었네
사람들은 돌아가며 그의 피를
조금씩 맛보고 있네
나 그를 구할 수 없었네
하늘의 새들은 구름 뒤에 숨어
지저귀며 나오지 않았네
사람들이 무서워 도망쳤네
어디로 가는지도 모르고 도망쳤네
태양이 원망스러웠네
아이들은 그림자놀이를 하고 있었네
해가 지고 있었네
꿈 한 겹에서 벗어났네
눈에 유리가 박힌 것을 느꼈네
아무리 씻어도 빠지지 않았네
문이 열려 있었네

혼이 빠져나가는 것 같았네
문을 닫았네
문이 닫히지 않았네
나 무서워 도망쳤네
어디로 가는지도 모르고 도망쳤네
구름이 너무나 선명해서 무서웠네
초생달이 다가오네
눈이 견딜 수 없게 아파왔네
눈에 더 많은 유리가 박히네
두 번째 꿈에서 깨어났네

여인숙 창에 태양이 떠오르고 있었네

멈추지 않는, 끊이지 않을

문 앞에 우편배달부가 서 있었다 나는 지금까지 그가 가져온 편지의 대부분을 읽지 못했다 오늘 받은 편지는 검은 종이에 물로 쓰여진 글자들이었다 햇빛에 비춰 보았지만 헛노릇이었다 어제 그는 길거리에 버려진 냉장고를 가지고 왔다 열어보니 비둘기들이 썩고 있었다 나는 비둘기의 반짝이는 부위를 오려서 옥상에 널어두었다 한번은 피아노를 가져왔지만 내 방이 너무 좁아서 들여놓을 수 없었다 그는 편지에서 들리는 소음을 들을 수 없을 때는 우유배달을 했다고 한다 나는 그 이전에 약장수들과 어울렸던 그를 본 적이 있다 그는 상처 자국들이 선명한 자신의 배에 칼을 꽂기도 했지만 피 한 방울 나지 않았다 몇몇 아이들이 배를 만져보기도 했다 그는 자신의 몸이 아니면 학대하지 않았다 얼마 전 그가 놓고 간 의자에서 손자국이 붉어진다 의자에는 마르지 않는 목발 하나가 기대어져 있다 많은 사람들이 목발을 치우고 의자에 앉았지만 아무도 가져가려 하지 않았다 비 맞는 의자가 자주 보였다 의자에는 많은 벌레들이 살았다 의자를 부수어 다른 목발을 만들 생각이었지만 그만두었다 옥상 위로 날갯짓을 감춘 새들이 날아간다 나는 오늘도 손가락을 깎아 편지를 쓴다 비가 오고 있었지만 새의 날개는 비에 젖지 않았다

自爆

웅크린 성난 의자
격자무늬 구름 속으로 날아간다──동상(銅像)의 하품 속으로 잠기는 목구멍
닫힌 눈동자, 눈을 뜰 때마다 죽는
하늘에 박힌 외눈박이에
날아간 의자
정확히 처박힌다

눈동자의 허파에서 웃음소리가 맴도는 동안 균열은 구름에서 이루어졌다

아름다운 쥐들이 들끓었다

데칼코마니

언어의 꿈은
      대기를 나누는 새가 되거나
물결을 일으키는 물고기가 되는 것

잡히지 않는 자유
        날고 싶은 욕망
조작된 태양과의 싸움
            속에 언어가 있다

                  새가 닿는 곳은 바다,
언어가 헤엄치도록 내버려두자
, 제발

§

꿈의 주인공은 나
      하지만 꿈의 주인은 내가 아니다

§

					모든 지평선은 수평선

나는 거대한 해일 앞에 서 있었다

飛行의 길
기억——수평선의 끝은 내가 있었던 곳

퇴색한 하늘
			바다 밑바닥에서 내리는 비
자신의 색을 잃은 살덩어리가 내리는 비
					죽은 자들의 서커스

모든 것은 너무 이르거나 늦었다

						§

대체 얼마나 바다 속에 있었던 것일까
알 수 없는 바닥,
			태양이 증발시킨 *深海*

――바닥난 자비에 무엇을 기대하는가
　　　　　　　　　　뒤돌아보지도 말자

폭포로 쏟아져 내리는 머리카락
　　　　　　　눈 속에 담겨 있는 바다

나는 아직도 눈 속에 고인 빗물을 다 빼내지 못했다

　　　　　　　§

태풍의 눈,
　　　이곳에는 바람이 불지 않는다

　　　　얼어붙은 미궁
비늘을 벗기는 머리카락
　　　두 벌거숭이의 식어버린 땀

독한 거짓,
　　　지독한 진실
침묵은 지치지 않고 나에게 칼을 꽂는다

§

          고정된 물결,
그 어떤 바람도 나를 알아보지 못한다

§

어부의 체념,
믿음

     흐르는 믿음으로 만져지는
   정직한 첫 번째 눈동자

어부가 녹슨 태양을 낚아 올린다

      내가 어부에 대해 알고 있는 건
      그의 삶이 고단하다는 것뿐,

슬픈 손가락,
끊임없이 꼼지락거리는

그의 육체를 항상 지나칠 뿐
     난 그곳에 없었다
 나는 용서받지 못하리라

     §

매미가 녹슨 태양에서 울고 있다
──전생의 아내가 매미가 되어 나를 쳐다보는가

     §

 모든 그림자들이 흩어진다
 말라버린 물감이 떨어진다

말 더듬는 허공,
대기는 바닷빛이다

   파편들의 도착지는 없다

완결될 수 없는 진행,
                    행진, 행 진

어머니가 촛불로 밥을 지으신다

1판 1쇄 펴냄 · 2004년 1월 2일
1판 2쇄 펴냄 · 2017년 3월 17일

지은이 · 정재학
발행인 · 박근섭, 박상준
펴낸곳 · **(주)민음사**

출판등록 1966. 5. 19. 제16-490호
서울특별시 강남구 도산대로1길 62(신사동)
강남출판문화센터 5층 (우편번호 06027)
대표전화 515-2000 / 팩시밀리 515-2007
www.minumsa.com

ⓒ 정재학, 2003. Printed in Seoul, Korea
ISBN 978-89-374-0718-5 03810

★ 이 시집은 한국문화예술진흥원의 문예진흥기금을 받았습니다.